# Schloss ...na

## Lebendige V... ...heit entdecken

Franz Spiegelfeld

SCHNELL + STEINER

# Vorwort

Bis heute fragen sich manche: Warum hat Erzherzog Johann, der ja als der *Steirische Prinz* in die Geschichtsbücher eingegangen ist, Schloss Schenna gekauft? Sicher hat ihn die atemberaubend schöne Landschaft begeistert, die umliegenden Berge, die er so geliebt hat, das milde mediterrane Klima, die wärmende Sonne, die über allem strahlt. Und das alles im 19. Jahrhundert, als Meran zu einer der wichtigsten und beliebtesten Kurstädte der Donaumonarchie heranwuchs.

Wenn Sie heute das romantische Schloss, das an einem der denkbar schönsten Plätze gelegen ist, besuchen und von hier aus die sagenhafte Aussicht über Meran und das Burggrafenamt, das Kernland des alten Tirol, genießen, werden Sie die *Liebe auf den ersten Blick* Erzherzog Johanns nachvollziehen können.

Und auch für uns, seine Nachkommen, ist und war Schloss Schenna *Liebe auf den ersten Blick*: Wir sind fasziniert von der Schönheit dieses Landstrichs und lieben Schloss Schenna als ein Herzstück unserer Familie. Während es in den vorigen Generationen lediglich als Sommersitz diente, ist es seit etlichen Jahren ganzjährig von der Familie meiner Schwester bewohnt und bewirtschaftet. All unser Einsatz und Idealismus gelten daher der Erhaltung dieses wunderbaren Baudenkmals, seiner Einbindung in das dörfliche Leben in Schenna, und der Pflege des landwirtschaftlichen Betriebs Thurnerhof,

Franz Graf Meran,
heutiger Besitzer von Schloss Schenna

den wir in den letzten Jahren aufgebaut und mit einem Wirtshaus bereichert haben. Aber es geht uns um noch mehr: Wir haben die ehemals von meiner Familie bewohnten Räume in originalem Zustand für Sie erhalten, damit Sie eintauchen können in das Schloss-Leben des 19. Jahrhunderts, Gegenstände von anno dazumal vorfinden, die Sie vielleicht an den Hausrat Ihrer eigenen Vorfahren erinnern, und sich vielleicht anstecken lassen von Erzherzog Johanns Liebe zur Geschichte, Kunst und Kultur des Landes Tirol.

In diesem Sinne wünsche ich Ihnen eine anregende Lektüre und dass Sie sich als Besucher im Schloss Schenna als mein Gast herzlich aufgenommen fühlen.

Franz Graf Meran

# Lebendige Vergangenheit entdecken

Südtirol ist reich an Burgen, Schlössern und Edelsitzen und viele von ihnen sind – seit Generationen und bis heute – im Besitz alter Tiroler Adelsfamilien.

Das gilt auch für Schloss Schenna, das Erzherzog Johann von Österreich 1845 erwarb, um es nach seinem Tod seinen Nachkommen zu vererben, den Grafen Meran. Und diese sind heute noch Besitzer und Bewohner und wollen es für Sie öffnen, um Sie – mit Führungen durch die ehemaligen Privaträume und in mannigfaltigen kulturellen Veranstaltungen – an lebendiger Vergangenheit teilhaben zu lassen.

Bemerkenswert ist das Schloss allemal. Es ist in Privatbesitz und doch öffentlich zugänglich. Es ist nach wie vor original eingerichtet und es scheint, dass die Bewohner gerade das Zimmer verlassen haben, um es Ihnen, liebe Besucher, zur Besichtigung freizumachen. Es ist die reichhaltige und wohl einzigartige Sammlung Erzherzog Johanns, die neben Möbeln, Gemälden und Portraits auch Waffen aus sechs Jahrhunderten umfasst. Und Sie finden hier die größte private Andreas-Hofer-Sammlung, die wir auch ihm, Johann, zu verdanken haben.

Dieser Schlossführer begleitet Sie durch das Schloss, das wir Ihnen mit viel Liebe und Sachkenntnis vorstellen wollen. Seine wechselvolle Geschichte und die des Landes Tirol wollen wir Ihnen nahebringen. Wir begleiten Sie durch die in neun

Seit 1990 Bewohner und Betreiber von Schloss Schenna: Johanna, Schwester des heutigen Schlossbesitzers, mit ihrem Mann, Franz Graf Spiegelfeld, Autor dieses Schlossführers

Sälen untergebrachten Sammlungen des Erzherzogs, die Sie durch Tirols Geschichte, Kunst und Kultur führen. Es wird Ihnen leicht fallen, auch in die Lebensweise und Wohnkultur früherer Generationen einzutauchen und wir laden Sie ein, nach schönen, verborgenen Details zu suchen, die von Ihnen entdeckt werden können.

Franz Graf Spiegelfeld

# Schloss Schenna – seine Geschichte und die Besitzer

Im Herzen des Burggrafenamtes gelegen, genießt Schloss Schenna eine herausragende Stellung unter den vielen Burgen, Schlössern und Adelssitzen Tirols. Sicher, andere sind vielleicht kostbarer, edler und prächtiger ausgestattet und eingerichtet, vielleicht sind sie auch mächtiger in der Bauweise und in ihrer Anlage und sicher auch von großer historischer und strategischer Bedeutung. Aber Schloss Schenna kommt schon durch seine geographische und geopolitische Lage eine besondere Stellung zu. Denn mit seiner wechselvollen Geschichte und seinen Besitzern übt das Schloss durch mehrere Jahrhunderte großen Einfluss auf die Geschicke des Landes Tirol aus.

Wir schreiben die Zeit der Margarete „Maultasch" (1318–1369). Von vielen verkannt, gefürchtet und umworben, regiert sie (ab 1335) hart aber umsichtig als letzte Gräfin von Tirol. Ihre erste Ehe mit Johann Heinrich von Luxemburg-Böhmen verläuft unglücklich und bleibt kinderlos bis ihn Margarete 1341 vor die Türe setzt und ein Jahr später Ludwig V. von Brandenburg-Bayern heiratet. Deswegen wird über sie der Kirchenbann verhängt. Auch diese zweite Ehe verläuft nicht glücklicher, ist aber durch einen Sohn gesegnet: Meinhard III. von Tirol und Brandenburg, der aber be-

Margarete Maultasch, letzte Gräfin von Tirol in der meinhardinischen Linie, Kupferstich von Lukas Kilian (1579–1637)

reits 1363 im Alter von nur neunzehn Jahren verstirbt. Um die Erbfolge nach ihrem Tod zu sichern, verheiratet Margarete ihren Sohn noch rasch mit Margareta von Österreich (1346–1366), einer Tochter Herzog Albrechts II. Mit einem Vertrag von 1363 wird Tirol dem Habsburger-Reich eingegliedert, wie es bis 1918 bleiben sollte.

Petermann von Schenna, Burggraf von Tirol und den Herren von Schenna entstammend, erfreute sich in großem Maße der Gunst der Landesfürstin und bittet Margarete, in Schenna eine neue Burg bauen zu dürfen. Er hatte ein seinen Vettern Reinprecht und Wernher von Schenna gehörendes Grundstück erworben, das über dem Ortskern liegt. Der Stammsitz der Herren von Schenna war am *Burgstall von St. Jörgen*, dessen Reste noch in Form eines Wohnturms und einer Kapelle, der heutigen St.-Georgen-Kirche, zu sehen sind.

Margarete überlässt nun Petermann die Herrschaft Schenna und 1354

Meinhard III. Herzog von Brandenburg (1343–1363), Margarete Maultasch's Sohn mit Ludwig von Brandenburg Herzog von Bayern, gezeichnet und gestochen von Josef Anton Zimmermann

auch die Hohe und Niedere Gerichtsbarkeit, worauf er sogleich mit dem Bau der neuen Burg beginnt, die aus dem Ost- und Südflügel des heutigen Schlosses sowie aus einem als Wehrturm genutzten Bergfried besteht, der von Burgenhistorikern an der Ostseite vermutet wird, strategisch sinnvoller aber auch an der gegen den Berg hin ungeschützten Nordseite gestanden haben könnte.

Vorerst weigern sich Petermanns Töchter das Erbe anzutreten, doch nach der Eheschließung Barbaras mit dem Ritter Friedrich von Greifenstein und Adelheids mit Hans von Starkenberg erwirbt Letzterer die schwer verschuldete Herrschaft Schenna nach dem Tod seines Schwiegervaters im Oktober 1369. Nach seinem Tod 1385 folgen ihm sein Sohn Sigmund und ab 1403 dessen Sohn Ulrich von Starkenberg.

Die nur 63-jährige Herrschaft der Starkenbergs fällt in die Zeit der Auseinandersetzungen zwischen König Sigismund (1368–1437) und Friedrich IV., Herzog von Österreich und Graf von Tirol (1382–1439), genannt *Friedl mit der leeren Tasche*. Weil dieser dem Gegenpapst, Johannes XXIII., beim Konzil von Konstanz zur Flucht verhalf, wurde über ihn die Reichsacht verhängt, er ging aller seiner Besitzungen verlustig und wurde seiner Ämter enthoben. Was Herzog Friedl allerdings nicht daran hindert, alle seine Besitzungen sowie Macht und Einfluss in Tirol zurückzuerobern. So beginnt er am 14. Dezember 1422 mit Landeshauptmann Vogt Wilhelm von

Matsch an der Spitze die Belage-
rung von Schloss Schenna, das von
der tapferen Ursula von Starkenberg, einer geb. Truchsessin von
Waldburg, und 43 Mann Besatzung
verteidigt wird. Am 15. Jänner 1423
erzwingt der Burggraf Hans von
Königsberg einen Waffenstillstand
von vier Wochen Dauer. Da die Verhandlungen in dieser Zeit zu keiner
friedlichen Einigung führen, muss
letztlich Ursula am 16. Februar 1423
das Schloss abtreten, die reiche Ausstattung und die Urbarbücher zu-
rücklassen und in ihre schwäbische
Heimat zurückkehren. In Herzog

Friedrich IV. Herzog von Österreich, genannt
„Friedl mit der leeren Tasche", Öl auf Leinwand

## Schloss Schenna – seine Lehensherren und Besitzer

Petermann von Schenna
   1354–69

Herren von Starkenberg
   1369–1423

Herren von Rottenstein
   1432–96

Grafen zu Lichtenstein-Castelkorn
   1498–1753

Grafen Bettoni
   1753–1813

Dr. Johann von Goldrainer
   1813–38

Jakob Hinterwaldner
   1838–44

Erzherzog Johann v. Österreich
   1845–59

Grafen Meran
   seit 1859

Friedls Auftrag ist von 1432 bis 1446
sein Rat und Kämmerer Gerwig von
Rottenstein Pfleger auf Schenna.
Nach dem Sturz der Starkenbergs
bzw. nach dem Tod Sigmunds und
Ulrichs von Starkenberg setzt Herzog Friedl s Sohn, Sigmund „der
Münzreiche", 1446 Wilhelm von
Starkenberg als Pfleger ein, der aber
bereits 1452 als letzter seines Stam-
mes stirbt. Schenna wird 1453 vom
Herzog um 8000 Gulden und 1750
Dukaten an Gerwig von Rottenstein
d. J. verpfändet, der die Burg bis zu
seinem Tod 1496 bewohnt. In der
Zeit seiner Herrschaft stürzt 1469
der Wehrturm, der noch bei der Be-
lagerung 1422/23 wertvolle strategische Dienste geleistet hatte, ein
und wird nicht wieder aufgebaut.
Kaiser Maximilian I. verpfändet
1496/97 Schloss Schenna seinem

Rat Paul zu Lichtenstein. Die Lichtensteins sind erstmals um 1162 urkundlich erwähnt, stammen aus Leifers im heutigen Südtiroler Unterland und bringen es durch wirtschaftliches und politisches Geschick zu großem Ansehen. Der Ehe des Balthasar zu Lichtenstein († 1478) mit Dorothea Fuchsin von Fuchsberg entspringt der wohl bekannteste Vertreter des Geschlechts, Paul zu Lichtenstein (um 1460–1513). Er kann Schenna 1502 für 11.000 Gulden und 1750 Dukaten kaufen. Der Kaiser gewährt Paul zweimal den Betrag von 3.000 Gulden für Neubauten in Schenna, allerdings mit der Bedingung, dass *es uns und unseren Erben, wann wir an der Etsch sein würden, zu unserem Lust wohl dienen mag.* Paul stirbt 1513. Sein Sohn Christoph Philipp, der zumeist am Innsbrucker Hof lebt und in Schenna einen Verwalter einsetzt, erhält 1526 den Titel „Herr zu Schenna" und wird am

Votivbild mit Bardtlme, Christoff Phylip und Baullus Grafen zu Lichtenstein als Besitzer von Schloss Schenna, Öl auf Leinwand

Conte Giovanni Antonio Bettoni (*1712),
erster Graf Bettoni auf Schloss Schenna

21. August 1530 von Kaiser Karl V. (1500–1558) in den erblichen Grafenstand erhoben. Sein Sohn Rudolf Philipp hinterlässt Schenna mit reicher Ausstattung seinen Nachkommen.

Die Ära der Lichtensteins gilt als die wohl fruchtbarste Zeit, auf die Schloss Schenna zurückblicken kann. Als führende Persönlichkeiten Tirols haben sie maßgeblichen Anteil am Geschick des Landes und mit dem Umbau sowie der Umgestaltung des Schlosses beweisen sie nicht nur strategische Kompetenz, sondern auch gestalterische Sensibilität. Mit Thomas Graf zu Lichtenstein endet die acht Generationen währende Herrschaft, als er 1749 ohne männliche Erben stirbt.

Im langwierigen Streit um das Erbe behalten die Grafen Bettoni aus Brescia die Oberhand, obwohl sich auch Thomas Schwiegersöhne, Graf Otto von Salm und Graf Alois Podstatzky, um das Erbe bemühten und auch seitens der Gemeinde Schenna und selbst der Regierung in Innsbruck ein deutscher Erbe bevorzugt wird. Die Bettonis aber werden von „Kaiserin" Maria Theresia 1751 in den erblichen Adelsstand erhoben und mit einem Edikt vom 5. Oktober 1753 mit der Herrschaft Schenna belehnt. Um an die Herrschaft Schenna zu kommen, erklären sie sich bereit, einen Lehensschilling von 60.000 fl. zu zahlen und erhalten dafür u. a. die *Hohe Criminalgerichtsbarkeit*, für weitere 4.000 fl. das *Patronatsrecht* der Pfarre Schenna, das *jus regulandi* in den herrschaftlichen Waldungen und die hohe Jagd. Laut David Schönherr (1822–1897), Archivbeamter, Historiker, Konservator und Verfasser eines Buches (1886) über die Geschichte von Schloss Schenna, wurde die Familie Bettoni zuerst *1753 mit Paolo, nach dessen Tode mit Giovanni Giuseppe (1766), und als dieser ledigen Standes aus dem Leben schied, mit Giacomo (1774) und zuletzt mit Delajo (1791)* mit dem Schloss Schenna belehnt. Der Vater dieser vier, Graf Gian Antonio (* 1712), war u. a. Generalintendant der kaiserlichen Armee in der Lombardei und erster Graf Bettoni auf Schloss Schenna. Sein heute verschollenes Standbild befand sich einst im Schlosshof. Dessen Bruder aber, Graf Giacomo (* 1714), ist für

Thurnerhof mit Thurner Schlössl

Schenna insofern bedeutender, als er den Kauf- bzw. Lehensvertrag unterzeichnet und als Verwalter den venezianischen Barone Cristiani di Rallo einsetzt, der auch die Verhandlungen mit den Lichtensteins führte. Wegen der hohen Verschuldung des Lehens werden etwa Teile der Einrichtung, Gemälde, das Geschirr, sowie Altar und Glocken der Kapelle im Kaufvertrag ausgeklammert und gehen letztendlich in den persönlichen Besitz der Bettonis über.

Nach der Blütezeit unter den Lichtensteins folgt nun die Zeit der aus kultureller Sicht problematischen bis 1813 währenden Herrschaft unter den Grafen Bettoni. Ihr Hauptinteresse gilt weiterhin ihren Geschäften und Besitzungen in Oberitalien, etwa dem *Schloss* *Bogliaco* am Gardasee, während hier in Schenna unfähige oder unehrliche Leute eingesetzt sind, die den Besitz mehr schlecht als recht verwalten und in eine wirtschaftlich schwierige Situation bringen.

Die Bettonis müssen 1813 auf Befehl der bayrischen Verwaltungsbehörden das Schloss räumen, was sie vielleicht etwas zu wörtlich nehmen: Das komplette Inventar wird fortgeschafft und findet in ihrem Schloss Bogliaco am Gardasee eine neue Heimat.

Während der Kriegswirren um 1809 ist das Schloss für Schützen und Landstürmer eine willkommene Fundgrube an Waffen aller Art. 1812 wird die Herrschaft Schenna von den bayerischen Behörden vom Lehensband gelöst und 1813 dem Meraner Arzt Dr. Johann von Goldrai-

Erzherzog Johann von Österreich (1782–1859),
Leopold Kupelwieser (1796–1862),
Öl auf Leinwand, ca. 1840

und in der Eisenverarbeitung epochale Fortschritte und er gründete Universitäten, Forschungseinrichtungen, Versuchsanstalten, Bibliotheken, Versicherungs- und Geldinstitute. Auch in seinen politischen Funktionen als Reichsverweser in der deutschen Nationalversammlung (Frankfurt 1848/49) und als erster gewählter Bürgermeister (1851–59) von Stainz in der Steiermark blieb er bis heute unvergessen. Die Volkskultur, insbesondere das Trachtenwesen und die Volksmusik, erfuhren durch ihn wesentliche Impulse. Berühmt ist sein Ausspruch, dass der „Steirerhut alle Kronen der Welt" aufwiege. Johanns Bedeutung für Tirol schließt alpine Erschließungen, Erstbesteigungen alpiner Gipfel, bahnbrechende Entdeckungen in Geologie, Mineralogie und Botanik ein. Die Landschaftsbilder seiner Kammermaler, seine Pionierarbeit im Bereich der Tiroler Wehrbauten, seine Freundschaft zu Andreas Hofer und seine militärische und persönliche Bedeutung für den Tiroler Aufstand 1809 sind lebendige Beweise für seine große Liebe, die im besonderen Maße Tirol und den Tirolern galt.

Nach einem feierlichen Empfang durch die Dorfbevölkerung in Schenna am 27. Mai 1845 nimmt nun Erzherzog Johann von der Witwe Maria Hinterwaldner feierlich den Schlüssel entgegen. Er un-

ner um 13.473 fl. verkauft. 1838 erwirbt es Jakob Hinterwaldner (1784–1844) aus Innsbruck, dessen Witwe Maria später Josef Illmer vom Walchhof in Schenna ehelicht. Mit Vertrag vom 30. Jänner 1845 kauft schließlich Erzherzog Johann von Österreich das Schloss um rund 35.000 fl. und leitet damit eine neue und fruchtbare Ära auf Schloss Schenna ein.

Johann, der immer wieder als Rebell im Hause Habsburg bezeichnet wird, stellte sein ganzes Leben in den Dienst seiner Mitmenschen. So erreichte er etwa in der Landwirtschaft, im Bergbau, in der Forschung

Seite 12/13:
Im Flug über das verschneite Schloss Schenna, wodurch die architektonisch interessante Anlage deutlich wird

ternimmt eine erste Besichtigung des Schlosses und ist sichtlich zufrieden, zumal er es nicht für sich, sondern für seinen Sohn Franz erworben hatte. In sein Tagebuch vermerkt Johann: *Hier will ich, wenn es Gott gefällig ist, meinem Knaben ein Nest bereiten, hier, mitten unter einem Kernvolke, in einer gesunden Gegend, soll sein Wohnsitz sein.*

Die dem Kaufvertrag beigefügte Aufstellung enthält nicht nur den Bestand des Schlosses selbst, sondern etwa auch *die Hohe und Niedere Jagd und die Fischerei in der Passer zwischen Gilf und Saltaus und bedeutende Dominicalbezüge an Grund- und Vogteizinsen, Hoffuhren und Holz.*

Die baulichen Veränderungen, die auf die Initiative Erzherzog Johanns zurückgehen, beschränken sich auf eine bescheidene, aber selbst für heutige Begriffe sehr komfortable Ausstattung der Räumlichkeiten und auf den Einbau von Öfen und Badezimmern. Er lässt auch den im Innenhof umlaufenden Rundgang errichten, um die im zweiten Stock liegenden Räume von außen begeh- und beheizbar zu machen. Der Erker an der Südseite des Palas war baufällig geworden und einsturzgefährdet. So lässt ihn Johann abtragen und durch einen auf hölzernen Säulen ruhenden Balkon ersetzen.

Der zum Schloss Schenna gehörende Grundbesitz war klein und kaum nutzbar. Um aber dem Schloss eine wirtschaftliche Grundlage zu sichern, erwirbt Johann 1852 den nördlich des Dorfes gelegenen Thurnerhof sowie das angrenzende Schloss Thurn. Sofort beginnt Johann nach dem Muster seiner landwirtschaftlichen Errungenschaften und Erfahrungen aus der Steiermark den heruntergekommenen Thurnerhof mit Getreideanbau und Weinackern einer guten Bewirtschaftung zuzuführen. Besonders mit seinen fortschrittlichen Methoden im Weinbau und mit der Einführung der Burgundersorten erwarb sich Johann große Verdienste um den Weinbau im heutigen Südtirol.

## Anna Gräfin von Meran

Anna Gräfin von Meran weilt 1862 in Schenna und schreibt an ihren Sohn Franz, dass die Umbauarbeiten im Schloss gut vorangingen und auch die Verwaltung gewissenhaft durchgeführt worden sei. Erschrocken berichtet sie aber über den Bau des Mausoleums, das so groß sei, "so groß, dass St. Peter (Anm.: Petersdom) mehrmals reinpassen tät, viel zu groß für meinen Hansl". Sich für die krakelige Schrift und die kratzige Feder entschuldigend schließt sie den Brief mit "Verzeih mir Schrift und Feder, beide sind so dick wie die Schenner Waden", womit sie die strammen Waden der fleißigen Schenner Bauern bewundert.

Schloss mit Kirchhügel von Süden

Erzherzog Johann heiratet am 18. Februar 1829 seine große Liebe, Anna Plochl, aus Bad Aussee im steirischen Salzkammergut. Dieser nichtstandesgemäßen Ehe, entstammt deren einziges Kind, Franz Ludwig (1839-91), dem Kaiser Ferdinand I. den Namen und Titel eines Freiherrn von Brandhofen (1839) und eines Grafen von Meran (1845) zuerkennt.

Der Name wird für Johann Anlass gewesen sein, in der näheren Umgebung von Meran einen Wohnsitz für seine Nachkommen zu erwerben. Und so beauftragt er 1844 den Salzburger Hof- und Gerichtsadvokaten Dr. Alois Fischer (1796–1883) und den Meraner Bürgermeister

Josef Valentin Haller (1792–1871) mit der Suche nach einem entsprechenden Objekt. Die Wahl fällt schließlich auf Schenna, wofür zwei Gründe wohl ausschlaggebend waren: Zum einen liegt das Schloss nahe der alten Residenzstadt Meran und gegenüber von Schloss Tirol, das dem Land den Namen gab, zum anderen befindet sich Schenna am Eingang des Passeiertales, an dessen Ende die Heimat seines unvergessenen Freundes und Tiroler Freiheitshelden Andreas Hofer liegt.

Erzherzog Johann erkrankt 1859 an einer Lungenentzündung, stirbt am 11. Mai in seinem Grazer Stadtpalais, der heutigen Universität für

Musik und darstellende Kunst, und wird vorübergehend im Mausoleum des Grazer Doms bestattet. Auf eigenen Wunsch findet er im Mausoleum, das in den Jahren 1860–69 im neugotischen Stil am Kirchhügel von Schenna erbaut wurde, seine letzte Ruhestätte. Es ist heute ein Wallfahrtsort vieler steirischer Patrioten und Verehrer des steirischen Prinzen aus aller Herren Länder, sein Sarkophag ist stets mit Kränzen und Schleifen geschmückt. Johanns Sohn, Franz Ludwig Graf Meran, übernimmt nun Schloss und Herrschaft Schenna. Sein Verdienst liegt in der Vollendung der großartigen Sammlungen von Waffen, Ge-

mälden, Portraits, Möbeln und vielen persönlichen Gebrauchsgegenständen seines Vaters, die heute noch im Schloss zu besichtigen sind. Nach Franz Ludwigs Tod 1891 folgen als Besitzer von Schloss Schenna die jeweils Ältesten in den folgenden Generationen: Johann (1867–1947), der den Familienbesitz sicher durch zwei verheerende Weltkriege retten musste, und sein Sohn Franz (1891–1983). Dieser stirbt hoch betagt und von vielen bis heute in bester Erinnerung und vererbt Schloss Schenna seinem Enkel Franz Graf Meran (* 1964), in dessen Besitz es sich auch heute noch befindet.

# Die Anlage

Das Schloss wurde im Laufe der Zeit mehrmals umgebaut und baulich ergänzt. Durch Petermann von Schenna entstanden um 1350 der Ost- und der Südtrakt und um 1420 wurden die beiden durch den Westtrakt erweitert. Diese drei bilden den romantischen Burghof, der sich nur gegen Nordosten öffnet. Gegen Norden schließen ihn ein Torturm mit der Einfahrt, die Burgkapelle und der Marstall, der ehemalige Pferdestall, ab. Wie die Gerichtskarte von Schenna aus 1511 beweist, zeigte sich das Schloss damals als wehrhafte Burganlage mit Zinnen, Türmen, Wehrgängen, Wassergraben und Zugbrücke. Unter den Lichten-

steins wurde das Schloss um 1560 vollständig umgebaut und verlor damit sein wehrhaftes Aussehen. Nicht nur nach außen hin vollzog sich aber dieser Wandel, auch die Räumlichkeiten wurden dem neuen Anspruch und der neuen Verwendung entsprechend umgestaltet. Auch durch Erzherzog Johann gab es geringfügige Veränderungen an und im Schloss, die sich aber hauptsächlich auf die zeitgemäße Ausstattung und die angenehmere Bewohnbarkeit beschränken. Der Westtrakt und der Bereich des Burgtores sind heute der gräflichen Familie als Wohnräume vorbehalten und nicht öffentlich zugänglich.

## Der Palas

Die regelmäßige, rechteckige, gegen Süden gerichtete Lage, sein sorgfältiges, mit Mörtelfugen ausgestrichenes Mauerwerk und das vermauerte romanische Fenstergewände, weisen ihn als den Palas aus, also als einen repräsentativen Wohnbau, wie er bei mittelalterlichen Burgen üblich ist. Einem Bericht von Jörg Kölderer (1522) zufolge, war hier besonders viel verändert, die unter Paul zu Lichtenstein durchgeführten Arbeiten seien schlecht ausgeführt oder nicht vollendet worden. Aus der maximilianischen Zeit stammen die schönen Sterngewölbe, mit denen die Räume des Erdgeschosses ausgestattet sind. Im 16. Jh. wurden auch regelmäßig angeordnete, etwas größere Fenster ausgebrochen. An der Südfront hat man einen über zwei Geschosse reichenden Viereck-Erker erbaut, welcher später durch einen Balkon ersetzt wurde. Der große Saal im zweiten Stock – der heutige Speisesaal – wurde auf 5½ m erhöht und repräsentativ ausgestattet. Besonders eindrucksvoll sind die schwere Holzkonstruktion des Dachstuhls, der das hohe Satteldach aus dem 16. Jh. trägt, sowie einige Schlüsselscharten an der Außenmauer.

## Der Osttrakt

Auch dieser wurde in der maximilianischen Zeit der Höhe des Palas angepasst und ebenerdig mit zwei Sterngratgewölben versehen. Die Steinstiege im darunterliegenden Keller mit schwerer Balkendecke wird 1511 erwähnt. Ein Raum diente lange als Archiv mit eingebauten Archivkästen aus dem frühen 18. Jh. und reichlichen Archivbeständen. Der Großteil ist seit dem Ersten Weltkrieg im Archiv des Landesmuseums Ferdinandeum Innsbruck aufbewahrt. Nach einem handschriftlichen Vermerk im Regestenkästchen war dieses Urkundenmaterial um 1910 von Johann Graf Meran (Enkel Erzherzog Johanns) dem damaligen Statthalterei-Archiv als Dauerleihgabe übergeben worden. Es ist einem glücklichen Umstand zuzuschreiben, dass sich dieses Archiv noch im Lande – und zum Teil im Schloss selbst – befindet, denn vor etwa hundert Jahren sollte es – ähnlich wie das Archiv Wolkenstein-Rodenegg nach Nürnberg – ins Ausland verkauft werden.

## Der Westtrakt

Der schmale, 45 m lange Westtrakt wurde um 1420 erbaut, um 1511 mit Scharschindeln neu gedeckt und 1529 einer umfassenden Renovierung unterzogen. Ebenerdig befindet sich eine große Backstube, deren Ofen in den Keller des Palas hineinragt. In einem Zimmer ist ein Wandkasten mit spätgotischen Flachschnitzereien erhalten, ebenso wie ein doppelt gekehltes Türgewände in der Bibliothek im zweiten Stock. Die westliche Außenwand ist durch drei vortretende Türmchen mit halbrundem Grundriss gegliedert:

Gewölbe des ehemaligen Archivraumes

zwei enthalten Aborte, in einem aber ist das heute nicht mehr zugängliche Verlies untergebracht.

## Das Verlies

Die durch drei Schlösser gesicherte Eisentüre zum Verlies liegt in einem abgefassten gotischen Steingewände und enthält ein von außen zu öffnendes Guckloch. Das Verlies hat eine rechteckige Bodenfläche und besteht aus zwei übereinander liegenden Räumen. Der obere, tonnengewölbt und 3 m hoch, erhält durch einen gegen Süden gerichte-

Seite 18/19:
Durch das Burgtor an der verwunschenen
Nordseite gelangen die Besucher
in den romantischen Schlosshof

ten Mauerschlitz ein wenig Licht; in der Wand ist ein Eisenring eingelassen, der wohl zum Anbinden von Gefangenen diente. Für gefährlichere Delinquenten war offenbar das untere Verlies bestimmt, 6 m tief und lichtlos. Es ist durch eine kleine Einstiegsöffnung mit einer eisenbeschlagenen Klapptüre im Fußboden des oberen Raumes zu erreichen.

## Das Burgtor

Feststeht, dass das Tor der mittelalterlichen Burg an derselben Stelle wie das heutige gelegen und mit einer Zugbrücke versehen war. Die auf Pfeilern ruhende gewölbte Steinbrücke, die den Burggraben überquert, stammt aus der ersten

Schloss Schenna, Johanna von Isser-Großrubatscher (1802–1880), Stahlstich, um 1830

Hälfte des 18. Jh. Der noch bestehende, halbrund gegen Nordosten vorspringende sogenannte *Porttenthurn* dürfte erst aus der Zeit der Bauernkriege stammen. Die ringsum angeordneten Steinkonso-

Wappenstein am Torturm mit der Inschrift „PH.G.Z.L. 1560" (Philipp Graf zu Lichtenstein)

len dienten wohl als Stütze für einen umlaufenden Wehrgang. Einschließlich seines Kegeldaches misst der Turm 15 m Höhe und hat in den beiden unteren Geschossen Schlüsselscharten und drei Schießscharten. Durch den Einbau zweier Wohnräume im ersten und zweiten Stock hat die Bastei innen ihren alten Charakter weitgehend eingebüßt. An der hofseitigen Turmfassade ist in die Mauer ein Lichtensteinischer Wappenstein mit der Jahreszahl 1560 und den Initialen PHGZL (Philipp Graf zu Lichtenstein) eingemauert, außerdem finden sich Fragmente einer gemalten barocken Sonnenuhr; bei genauerer Betrachtung erkennt man an der Fassade des Turmes und links davon am Westtrakt jeweils zwei übereinanderliegende vermauerte

Bogenöffnungen: sie stammen aus der Zeit, als die dahinterliegenden Räume ein offenes Stiegenhaus und eine südlich anmutende Renaissance-Loggia bildeten.

## Die Burgkapelle

Wie aus seinem Testament zu entnehmen ist, hat Petermann von Schenna eine der Hl. Katharina von Alexandrien geweihte Kapelle erbauen lassen. Dies belegt auch ein Bericht von Marx Sittich von Wolkenstein um 1600. Der Unterbau der heute sichtbaren Kapelle scheint der Rest dieser gotischen Kapelle zu sein. Sie wurde offenbar beim Neubau der heutigen Kapelle aufgelassen und als deren Fundament verwendet. Die alte Kapelle besteht aus einem quadratischen Schiff, das durch eine später eingezogene Wand von der Rundapsis getrennt ist, in der Wand befindet sich eine spitzbogige Türöffnung. Mehrere Lichtschlitze erhellen den 7½ m hohen Kapellenraum. Der Unterbau ist außen verputzt; im unverputzten inneren Mauerwerk unterscheidet man deutlich zwei Geschosse. Eine Reihe von Balkenlöchern lassen auch erkennen, wo der Zwischenboden lag. Man betrat den oberen Teil der Kapelle durch eine rechteckige Südtüre, deren schweres Steingewände noch teilweise erhalten ist.

Die heutige Kapelle ist ein kleiner, gewölbter Raum mit quadratischem Schiff und in den Burggraben vorspringender Apsis. Sie wurde Mitte des 17. Jh. errichtet. Aus die-

Altar der Schlosskapelle mit Mariendarstellung, Kopie eines Gemäldes von Lucas Cranach

ser Zeit stammt auch der schmale, schwarz-gold gefasste Holzaltar, der vorne eine Widmungsinschrift (1643) des Maximilian Graf zu Lichtenstein trägt, der aus Dankbarkeit für glückliche Jahre auf Schloss Schenna diesen Altar spendete. An der Rückseite befindet sich eine lange lateinische Inschrift, die von den beiden Ehefrauen des Paul zu Lichtenstein erzählt: sowohl die heiligmäßig verehrte Cäcilia Radegundis Claudia von Bemelberg und Fürstenberg als auch Esther Baronesse von Sedlitz sollen unter dem Altar begraben liegen. Das mit reichem Goldschmuck umgebene

Kelch mit Wein- und Wasserkännchen, barock, Silber vergoldet, Stiftung der Grafen zu Lichtenstein

Altarbild zeigt eine von Engeln umgebene „Madonna mit Kind", die Kopie eines Gemäldes von Lucas Cranach in der Innsbrucker St. Jakob-Kirche.

## Die Marstallung

Dieser 1547 erstellte eingeschossige Bau schließt sich südlich an die Kapelle an, hat einen rechteckigen Grundriss und wird von einem vierjochigen Tonnengewölbe mit scharfkantigen Rippen überspannt. Er diente als Pferde-, zuletzt aber als Kuhstall und ist zurzeit keiner Verwendung zugeführt.

## Der Zwinger

Die Burg war rundum von einem Zwinger umgeben. Die Ansicht im Codex Brandis (um 1620), aber auch die Gerichtskarte von Schenna aus 1511 zeigen sehr deutlich, dass die Mauern bis ins 16. Jh. hoch aufragten und mit einem Zinnenkranz abschlossen. Obwohl keine Reste der alten Mauer mehr erhalten sind, kann ihr ursprünglicher Verlauf noch entlang der Gartenterrasse und dem Obstanger verfolgt und exakt nachvollzogen werden.

# Der Rundgang durch Schloss Schenna

In insgesamt neun Räumen des Ost- und Südtraktes sind die großartigen Sammlungen Erzherzog Johanns zu Tirols Geschichte, Kunst und Kultur ausgestellt. Dazu gehören Waffen, Erinnerungsstücke an die Erhebung Tirols um 1809, Trachten-, Landschafts- und Historienbilder, Portraits der Habsburger und der Grafen Meran, Werke der Kleinkunst, Gebrauchsgegenstände Erzherzog Johanns und viele Kleinodien, die Ihnen im Folgenden vorgestellt werden.

## Waffensaal

Schon beim Eintreten in die musealen Räumlichkeiten erwartet Sie eine Überraschung: die Waffensammlung Erzherzog Johanns, die zu den größten und vielseitigsten in Tirols Schlössern und Museen zählt. Sie umfasst eine große Anzahl seltener bis einzigartiger Stücke aus sechs Jahrhunderten. Eines der interessantesten Stücke der Sammlung ist wohl der bunte Setzschild in der vom Eingang gesehen linken Ecke: dieser auch „Pavese" genannt Schild (ca. 1485), stammt aus Klau-

Der romantische Schlosshof: Ort der Begegnung und sommerlicher Schlosskonzerte

Der Waffensaal mit einer der größten privaten Waffensammlung in Tiroler Schlössern und Museen

sen im Eisacktal, weshalb er auch als „Klausner Schild" bezeichnet wird, und gehörte wohl zur Ausrüstung eines Aufgebotes, das im Ernstfall die Stadt verteidigen sollte. Er ist aus Holz, Leder und Pergament gefertigt und in Tempera mit zwei Wappen bemalt. Links davon finden sich vier schwere Bihänder oder Doppelsölder aus dem 14. Jh. sowie Hellebarden, die wegen ihrer feinen Machart wohl – ähnlich wie bei der „Schweizer Garde" heute – von Wachen verwendet und nicht im Kampf eingesetzt wurden. Rechts vom Eingang hängen metallbewehrte Handschuhe und andere Rüstungsteile, sowie ein aus Leder hergestellter Sattelgurt. Die beiden Kanonen stammen aus französi-

schen Armeebeständen, zeigen die Jahreszahl 1797 und etwas beschädigte napoleonische Wappenadler. Sie zählen zur größten privaten Andreas-Hofer-Sammlung im 2. Stock. Aus derselben Zeit, aber von Tiroler Kämpfern verwendet, stammen die Morgensterne und andere Schlagwaffen auf dem Gestell vor dem rechten Fenster. Die seltenen Wall- und Hakenbüchsen aus dem 15. bis 18. Jh. vor dem linken Fenster zählen zu den interessantesten Stücken der Sammlung. An den Wänden links der Balkontüre sind Steinschlossgewehre und Ausrüstungsgegenstände aus dem Dreißigjährigen Krieg zu sehen, außerdem Radschlosspistolen und -gewehre, sowie Armbruste aus Elfenbein,

Holz und Metall aus dem 15. und 16. Jh. In der Vitrine in der Raummitte sind Handfeuerwaffen, Messer und Stilette aus dem 17. bis 19. Jh. aufbewahrt. Besonders bemerkenswert aber ist das breitschneidige Schwert mit der Lederscheide: Es handelt sich um das Richtschwert des damaligen Landgerichts Meran aus dem Besitz der Scharfrichterfamilie Putzer. Es zeigt an der Vorderseite eine gravierte Darstellung der Justitia und den Spruch *„Wan ich das Schwerdt thut aufheben dan gehbet Gott dem armmen Sünder das Eweige Leben. Anno 1733".* Rückseitig steht *„Wan dem armmen Sünder wirdt abgesprochen das Leben dan wirdt Er unter meine handt gegeben. Anno 1733".*

Eine der reich ziselierten Hellebarden

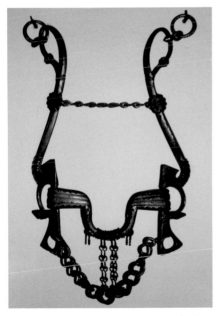

Gotische Kandare zum Aufzäumen von Pferden

Ein Brustpanzer mit gepanzerten Handschuhen

Seltene Wall- und Hakenbüchsen

Französische Kanone aus der Zeit Andreas Hofers

Der Rittersaal mit seiner vollständig erhaltenen Renaissanceausstattung

An den Wänden ringsum sind Hieb- und Stichwaffen angebracht: Hellebarden, Lanzen, Degen, Schlachtenmesser, Saufedern sowie Krummsäbel aus den türkischen Kriegen von 1529 und 1683. Die barocken Trophäen stammen aus einer reichen Sammlung der ungarischen Grafen Lamberg, die zweimal in die gräfliche Familie Meran eingeheiratet haben.

## Rittersaal

In außergewöhnlicher Schönheit präsentiert sich dieser Raum! Eingerichtet im späten 17. Jh. ist er original erhalten, was für die liebevoll mit Intarsien gestaltete Wand- und Deckentäfelung gilt wie auch für die grüne, mit kunstvollen Metallornamenten verzierte Ledertapete.

Als die Grafen Bettoni zu Beginn des 19. Jh. auf Geheiß der bayerischen Verwaltungsbehörden Schloss Schenna aufgeben mussten, wollten sie neben allen anderen Einrichtungsgegenständen auch die Renaissancemöbel mitnehmen. Diese vollständige Plünderung des Schlosses verhinderte der damalige Konservator David von Schönherr. So finden sich in diesem Raum heute noch ein großer (ausziehbarer) Tisch mit acht prächtigen Sesseln sowie eine Hochzeitstruhe von 1679. Im rechten Eck steht ein Kabinettschränkchen, das zur Aufbewahrung von Briefen, Dokumenten,

Geld, Schmuck und anderer Wertsachen diente. Es ist mit herrlichen Intarsien versehen, die Landschaften, das Wappen der Lichtensteins und die Jahreszahl 1612 zeigen. Gegenüber ist ein Schrank zu sehen, der als Wäscheschrank diente und aus vier Teilen besteht: dem Kapitel, zwei Schrankteilen sowie dem Fundament mit Schubladen. Links und rechts oben ist die Jahrzahl 1644 intarsiert. Man konnte den Schrank auch als Koffer verwenden, zur Beförderung dienten die seitlichen Griffe. Heute noch sind hier Teile der alten Hauswäsche Erzherzog Johanns und der gräflichen Familie Meran aufbewahrt.

Der einfache Holzboden stammt wahrscheinlich aus der Zeit um 1560, als die Wehranlage Schloss Schenna durch Philipp Graf zu Lichtenstein in eine bewohnbare Burg umgebaut wurde.

Der große Ofen datiert aus dem Jahr 1710 und ist ein wunderbares Beispiel vornehmer Delfter Fayence. Er zeigt im unteren Bereich die Darstellung der zwölf Sternzeichen mit Allegorien aus der griechischen und römischen Mythologie, im mittleren Abschnitt die Darstellung der vier Jahreszeiten und der vier Grundelemente und an der Ofenspitze zweimal das Wappen der Grafen zu Lichtenstein. Im Wappen selbst entdeckt man den Löwen des Wappens von Schenna als Zeichen dafür, dass die Lichtensteins (Lehens-)Herren von Schenna waren.

◁ Ein mit wunderbaren Intarsien versehener Wäscheschrank

Kaiser Maximilian I., „der letzte Ritter", Ölkopie eines Stiches von Albrecht Dürer

Im Bereich der Ledertapete sind einige Portraits zu sehen. Sie zeigen in chronologischer Folge große Habsburger, die sich auch um Tirol verdient gemacht haben. Beginnend in der südöstlichen Raumecke sind Maximilian I. (der „letzte Ritter"), sein Sohn Philipp „der Schöne", sowie Karl V. zu sehen. Oberhalb der Hochzeitstruhe hängen Portraits von seinem Sohn Philipp von Spanien und den Niederlanden mit seiner dritten Gemahlin Isabella von Frankreich und rechts davon in zwei kunstvollen Holzrahmen sehr anmutige Bilder von Erzherzog Ferdinand II. von Tirol mit seiner bürgerlichen, aber reichen Gemahlin Philippine Welser aus Augsburg. Rechts vom Ofen befinden sich die Portraits von Maximilian II. und seinen Söhnen Rudolf und Mathias, die sich auch auf dem Gemälde links vom Ofen wiederfinden. Hier

Albrecht Wenzel Graf von Wallenstein (1583–1634), kaiserlicher General im Dreißigjährigen Krieg, hier mit den Kaisern Rudolf II. und Matthias (im Vordergrund) und deren Geschwistern, Öl auf Holz, Künstler unbekannt

mit ihren Geschwistern und – in der Bildmitte mit dunklem spitzem Bart – General Wallenstein, der die Katholische Liga im Dreißigjährigen Krieg anführte. Die Doppelportraits oberhalb des Wäscheschranks zeigen Erzherzog Leopold und seinen Sohn Erzherzog Ferdinand, die beide mit Medicis verheiratet waren, sowie rechts davon Kaiser Ferdinand II. Diese umfangreiche Portraitsammlung setzt sich auch im nächsten Raum, im Habsburger-Zimmer, fort.

## Habsburger-Zimmer

Ursprünglich diente dieser Raum als Schlafzimmer für Erzherzog Johann und dessen Frau Anna, woran zahlreiche persönliche Gegenstände erinnern, so das italienische Renaissancebett aus dem Palazzo Pitti in Florenz mit toskanischen Landschaften am Fußende und mit originaler Bettwäsche bezogen. Mit 1,70 m ist es von beachtlicher Kürze, was daran liegt, dass man früher beim Schlafen nicht gelegen, sondern mehr oder weniger gesessen ist. Auch die beiden Nachttöpfe und einige Utensilien, wie sie seinerzeit in Badezimmern Verwendung fanden, stammen aus erzherzoglichem Besitz: Schüsseln für Wasser und Schalen für Badeschwamm und Seifen, feine Leinentücher und Krüge, um das Wasser aus dem Brunnen des Schlosshofes zu holen, und auch der Badestuhl, dessen Verwendung die Darstellung eines nackten Mädchens an der Lehne demonstriert. Eine beschwerliche Zeit, die „gute alte Zeit". In diesem doch recht kleinen Raum sind die Portraits sämtlicher Habsburger zu sehen, die römisch-deutsche bzw. österreichische Kaiser waren. Es beginnt beim Stammbaum in Stichform mit den Kaisern bis 1644, setzt sich fort mit Karl VI., seiner Tochter Maria Theresia und zwei ihrer Söhne, Josef II. und Leopold II. Dieser war bis zu seiner Thronbesteigung 1790 Großherzog der Toskana, lebte und residierte im Palazzo Pitti in Florenz, war mit Maria Ludovica von Spanien verheiratet und hatte mit ihr 16 Kinder, darunter Erzherzog Johann, der 1782 zur Welt kam. Sein ältester Bruder Franz, war bis 1806 letzter römisch-deutscher und ab 1804 erster von nur vier österreichischen

Kaiserin Elisabeth

Kaisern. Ihm folgten Ferdinand I. „der Gütige", Franz Josef I. mit Elisabeth („Sissi") sowie Karl I., Vater von Otto von Habsburg.

Die beiden geschnitzten Holztüren stammen aus der Renaissance und zeigen den österreichischen Doppeladler und zwei apotropäische Löwenfratzen zur Abwehr böser Geister.

## Erzherzog-Johann-Zimmer

Dieses frühere Schreibzimmer des Erzherzogs ist ausschließlich Johann, seiner Frau und seinen Nachkommen gewidmet. An der rechten Seite befindet sich ein Portrait von Erzherzog Johann (um 1840 von Leopold Kupelwieser, 1796–1862) und daneben das seiner Frau Anna Plochl (um 1835 von Franz Strotz-

Seite 32/33:
Habsburgerzimmer, im Hintergrund der Habsburger-Stammbaum mit Portraits jener Habsburger, welche von Rudolf I. (1218–1291) bis Ferdinand III. (1608–1657) röm.-dt. Könige und Kaiser waren, und mit den Ehebetten von Erzherzog Johann und seiner Gemahlin, ursprünglich aus dem Palazzo Pitti in Florenz

Anna Gräfin Meran (1804–85), Gemahlin Erzherzog Johanns von Österreich, Franz Schrotzberg (1811–1889), Öl auf Leinwand, um 1840

berg, 1811–1889). Es war sicher eine der großen Liebesgeschichten dieser Zeit: zwischen einem Erzherzog und einem bürgerlichen Mädchen, eine Liebe, die bei Hof ganz und gar nicht goutiert wurde. Nach langen Jahren des Wartens erteilte Kaiser Franz die Zustimmung, aber da es eine nichtstandesgemäße Ehe war, gab es eine Reihe teils schwerwiegender Konsequenzen für beide. So wurde Johann aus der Thronfolge ausgeschlossen, aller Rechte als Erzherzog enthoben und enterbt. Seine Frau und die Nachkommen wiederum wurden aus der kaiserlichen Familie ausgeschlossen, 1839 aber als *Freiherren von Brandhofen* – benannt nach Erzherzog Johanns Gutsbesitz Brandhof bei Mariazell – und 1845 als *Grafen Meran* in den erblichen Adelsstand erhoben.

Johann und Anna hatten nur einen Sohn, Franz Ludwig Graf Meran, bis heute aber zählt die Familie über tausend (!) direkte Nachkommen. Neben Erzherzog Johann, Gräfin Anna und Graf Franz Ludwig sind nur die jeweils Ältesten der folgenden Generationen in diesem Raum mit Portraits vertreten: Johann (1867–1947), Franz (1891–1983), Johann (1934–1978) und der heutige Besitzer von Schloss Schenna, Franz Graf Meran (*1964).

In der Mitte des Raumes steht der von zwei Seiten gleichermaßen zu nützende Schreibtisch des Erzher-

## Das Tintenfass

stammt aus dem Besitz Erzherzog Johanns und ist dem Sarkophag Napoleons im Pariser Invalidendom nachempfunden. Es besteht aus je einem Behältnis für Tinte und Sand und aus einem Deckel. Im Sarkophag selbst liegt Napoleon. Dieser war „Lieblingsfeind" Erzherzog Johanns, weil er sich Johanns Lieblingsnichte, Erzherzogin Marie Luise, zur Frau nahm, sein geliebtes Land Tirol eroberte und seinen Freund Andreas Hofer tötete. In seinem Tagebuch vermerkt Johann mit spitzer Feder: „Da liegt er in da Tint'n, da Napoleon".

## Stammbaum Erzherzog Johanns

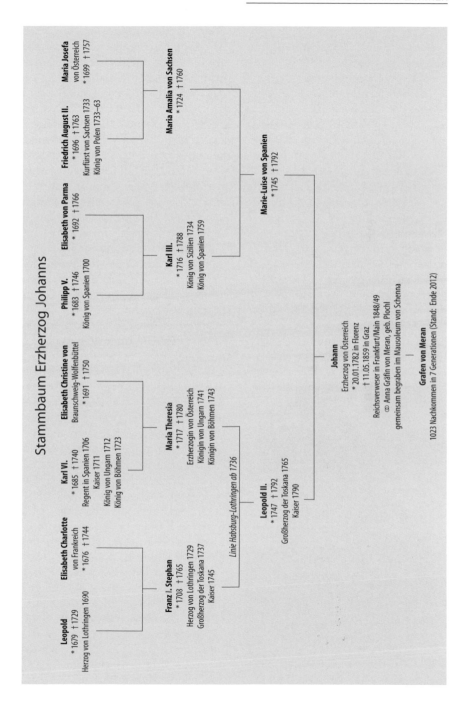

**Leopold**
* 1679  † 1729
Herzog von Lothringen 1690

**Elisabeth Charlotte**
von Frankreich
* 1676  † 1744

**Karl VI.**
* 1685  † 1740
Regent in Spanien 1706
Kaiser 1711
König von Ungarn 1712
König von Böhmen 1723

**Elisabeth Christine von**
Braunschweig-Wolfenbüttel
* 1691  † 1750

**Philipp V.**
* 1683  † 1746
König von Spanien 1700

**Elisabeth von Parma**
* 1692  † 1766

**Friedrich August II.**
* 1696  † 1763
Kurfürst von Sachsen 1733
König von Polen 1733–63

**Maria Josefa**
von Österreich
* 1699  † 1757

**Franz I. Stephan**
* 1703  † 1765
Herzog von Lothringen 1729
Großherzog der Toskana 1737
Kaiser 1745

**Maria Theresia**
* 1717  † 1780
Erzherzogin von Österreich
Königin von Ungarn 1741
Königin von Böhmen 1743

**Karl III.**
* 1716  † 1788
König von Sizilien 1734
König von Spanien 1759

**Maria Amalia von Sachsen**
* 1724  † 1760

*Linie Habsburg-Lothringen ab 1736*

**Leopold II.**
* 1747  † 1792
Großherzog der Toskana 1765
Kaiser 1790

**Marie-Luise von Spanien**
* 1745  † 1792

**Johann**
Erzherzog von Österreich
* 20.01.1782 in Florenz
† 11.05.1859 in Graz
Reichsverweser in Frankfurt/Main 1848/49
∞ Anna Gräfin von Meran, geb. Plochl
gemeinsam begraben im Mausoleum von Schenna

**Grafen von Meran**
1023 Nachkommen in 7 Generationen (Stand: Ende 2012)

zogs mit einigen originalen Schreibutensilien und Fotografien seiner Familie sowie des Brandhofs.

Der Steinbockstuhl ist ein Geschenk der Tiroler Jägerschaft an Erzherzog Johann für seine Bemühungen um die Wiedereinsetzung des damals in Tirol ausgerotteten Steinbockes.

In der Vitrine finden sich Erinnerungsstücke und wichtige Gebrauchsgegenstände Erzherzog Johanns: seine Schneebrille mit den seitlichen Sichtschutzgläsern, sein Werkzeugset, sein Rasierzeug, zwei Rebmesser, die er als einer der Pioniere der Weinwirtschaft in Tirol und der Steiermark verwendete, eine buchförmige Kassette zur Aufbewahrung von Manschettenknöpfen, ein Totenkopf, den er als Taschenuhr verwendete, Dochtscheren zum Auslöschen von Kerzen

und sein Reisemikroskop, das ihm bei seinen geologischen, mineralogischen, ornitologischen und botanischen Forschungen diente.

An der dem Eingang gegenüberliegenden Wand hängt die Sargdecke Erzherzog Johanns, die seine Witwe Anna eigenhändig in Gobelin- und Kreuzstich anfertigte. Johann starb am 11. Mai 1859 in Graz und wurde vorübergehend im Mausoleum des Grazer Doms beigesetzt. Johanns Wunsch, in Tiroler Erde begraben zu werden, entsprach sein Sohn Franz Ludwig mit dem Bau des Mausoleums in Schenna, das 1869 fertig gestellt war. Am 24. Juni 1869 wurden Johanns sterbliche Überreste nach Schenna überführt, wobei die Decke über seinen Sarg gebreitet wurde. Als Motive wählte Anna den Brandhof als Johanns Lieblingsaufenthaltsort und landwirtschaftliches Mustergut sowie ein Fahnenband in Schwarz-Rot-Gold. Dies in Erinnerung daran, dass Johann im Revolutionsjahr 1848/49 Reichsverweser war, der Deutschen Nationalversammlung in der Frankfurter Paulskirche vorgesessen und damit als Habsburger das erste demokratisch gewählte Staatsoberhaupt Deutschlands war.

Die von Erzherzog Johann in Auftrag gegebenen zum Teil kolorierten Historienbilder stammen von Karl Russ (1779–1843) und Anton Petter (1781–1858) und zeigen wichtige Ereignisse in der Geschichte der Habsburger. Die beiden Aquarelle links von Johanns Betschemel zeigen die *Innerösterreichische Landwehr*, die Johann nach dem Muster des Tiroler Schützenwesens gründete.

Steinbockstuhl

Landkarte der „freyen Graffschaft Tirol", Matthias Burglechner (1572–1642), Kupferstich, 1611

## Tirol-Zimmer

Es geht nun durch ein schmales Stiegenhaus in das obere Geschoss das inhaltlich im Wesentlichen der großen Liebe Erzherzog Johanns zum Land Tirol und zu den Tirolern entspricht.

Die Trachtenbilder stammen aus der ersten Hälfte des 19. Jh., sind von J. G. Schedler (1777–1866), P. P. Kirchebner (1812–1846) und J. Helff († 1882) gemalt und zeigen eindrucksvoll, wie bunt und vielseitig die Trachten in den Talschaften Tirols getragen wurden.

Neben dem Ofen sind vier Gemälde aus der Schule Pieter Brueghels d. J. zu sehen, die Szenen *Aus dem Tiroler Landleben* wiedergeben.

Weitere Objekte der Tiroler Volkskultur sind die Figuren in der Tischvitrine sowie auf dem Tisch Kopfbedeckungen aus der Zeit Andreas Hofers: eine Winterhaube für Frauen, wie sie in kalten Tälern Tirols getragen wurde, und ein breitkrempiger Trachtenhut für Männer, wie ihn auch die Bauern aus Schenna getragen haben.

Die Tempera-Gemälde darüber zeigen das damals noch beschauliche *Schloss und Dorf Schenna* beziehungsweise das *Schloss Tirol mit Meran* während der sogenannten Erbhuldigung Kaiser Ferdinands I. 1838 auf Schloss Tirol, beides Werke von Eduard Gurk (1801–1841), einem Kammermaler des Erzherzogs Johann. Neben einigen Stichen und Aquarellen von Tiroler Städten ist das Ölgemälde *Ansicht von Innsbruck* von Johann Georg Grassmair

(1690–1751) zwischen den Fenstern hervorzuheben.

Aus dem Portrait darüber blickt „Friedl mit der leeren Tasche" streng in den Raum: Friedrich IV. Herzog von Österreich und Graf von Tirol, der 1422/23 Schloss Schenna belagerte. Die tapfere Ursula von Starkenberg verteidigte es mit 43 Mann, kapitulierte aber schließlich und übergab die unversehrte Burg.

Von eminenter Bedeutung ist die große Landkarte Tirols, welche vom Kartograph und Geschichtsschreiber Mathias Burglechner 1611 geschaffen wurde. Im Auftrag des damaligen Landesfürsten von Tirol und der Vorlande, Erzherzog Maximilian III., dessen Portrait neben dem klassizistischen Ofen zu sehen

Schloss und Dorf Schenna, Eduard Gurk (1801–41), Tempera auf Leinwand, 1838

Saal mit Ölgemälden von Stephan Kessler (1622–1700), einem der bedeutendsten Tiroler Barockmaler des 17. Jh.

ist, entstanden aber neben dieser Karte auch zwei bemerkenswerte, in der Bibliothek aufbewahrte Bücher zur Geschichte des Landes und der Landesfürsten bis Kaiser Maximilian II. (1527–1576). Die Karte zeigt die Ausmaße des Landes Tirol seit Graf Meinhard II. von Tirol (13. Jh.) bis 1918, dem Ende der Österreichisch-Ungarischen Doppelmonarchie. Das durch den verlorenen Ersten Weltkrieg zur Bedeutungslosigkeit geschrumpfte Österreich musste im Friedensvertrag von St. Germain (1919) die südlichen Teile Tirols an Italien abtreten: das heutige Südtirol zwischen Brenner und Salurn und das heutige Trentino – früher Welschtirol – zwischen Salurn und Gardasee.

## Kessler-Zimmer

Den Gemälden eines der bedeutendsten Tiroler Barockmaler, Stephan Kessler, ist dieser Raum gewidmet. Kessler wurde 1622 in Donauwörth geboren, lebte seit 1643 in Brixen, gilt als einer der meist gefragten Künstler seiner Zeit bei Adel und Klerus und war sowohl von der niederländischen, als auch von der venezianischen Malerei stark beeinflusst. Er verstarb hoch betagt im Jahre 1700 und hinterließ unzählige Gemälde, Fresken, Altarblätter und biblische Historienbilder, Heiligendarstellungen, Zyklen, Allegorien und Portraits. Seine Bilder wirken durch ihre lebendige Darstellung des ländlichen Lebens und der einfa-

Der verlorene Sohn – Die Rückkehr, Serie aus sechs Gemälden von Stephan Kessler (1622–1700),
Öl auf Leinwand, ca. 1680

chen, aber festesfreudigen und froh-
sinnigen Menschen.

Im Schloss Schenna befinden sich
zwei Serien und zwei großformatige
Genrebilder.

Die sieben *Monatsbilder* – Krebs
(Juni), Löwe (Juli), Jungfrau (August), Waage (September), Schütze
(Oktober), Skorpion (November)
und Steinbock (Dezember) – zeigen
jeweils in zentraler Position den
Mond mit einem Sternzeichen, die
eigentlichen Handlungen beziehen
sich darauf, was in den entsprechenden Perioden in der Landwirtschaft getan wird. Die übrigen fünf

Gemälde dieser Serie gelten seit
1946 als verschollen.

Die zweite Serie beinhaltet das
*Gleichnis vom verlorenen Sohn* und
besteht aus sechs Gemälden. Sie zeigen den Abschied von Zuhause, das
Verprassen des Vermögens, den
Streit um das verbliebene Vermö-
gen, den verlorenen Sohn als
Schweinehirten, seinen Rauswurf
und seine reuevolle Heimkehr zum
verzeihenden Vater.

Die beiden großformatigen Genrebilder stellen ein *Zigeunerleben* mit
einem Zug fahrender Leute sowie
ein *Dorfleben*, wahrscheinlich ein

Maifest dar, worauf der Maibaum im linken Hintergrund hinweist.

An der Decke ist das Wappen der Grafen Meran mit dem lateinischen Wahlspruch der Familie zu sehen: *Si Deus mecum, quid contra me – Wenn Gott mit mir, was gegen mich.*

Die Möbel stammen aus dem Schloss Brandhof nahe Mariazell, das sich Erzherzog Johann als seinen Lieblingsaufenthaltsort und als landwirtschaftliches Mustergut eingerichtet hat. Sie zählen zu den ersten Beispielen neugotischer Möbelbaukunst aus der Mitte des 19. Jh., eine Stilrichtung, die Erzherzog Johann von seinen England-Aufenthalten 1815/16 nach Kontinentaleuropa mitbrachte.

Bemerkenswert ist aber auch die Türe zwischen Tirol- und Kesslerzimmer. Sie lässt sich auf beiden Seiten öffnen und schließen: eine Doppelschlosstüre aus der Zeit des Dreißigjährigen Krieges, deren Bedeutung der sogenannten *Löffelholz-Handschrift* zu entnehmen ist. Demnach wurden solche Türen in Räumen eingebaut, wo Friedensverhandlungen zwischen Protestanten und Katholiken stattfanden. Die Protestanten gingen links, die Katholiken dagegen rechts hinein und hinaus. Früher gab es solche Türen u. a. in Münster und Osnabrück (Westfälischer Friede) und Augsburg, jene in Wien befindet sich heute auf der Schallaburg, die auf der Grazer Burg kann nicht mehr bedient werden, und diejenige im Schloss Schenna gilt als einzige, die noch in Funktion ist.

In der Vitrine befinden sich Gläser, Karaffen, Porzellan und Steingutbehälter, und auf dem Tisch ein Obst-korb aus der 1718 gegründeten Porzellanmanufaktur Augarten, alles aus dem Besitz Erzherzog Johanns.

## Eckzimmer

Erzherzog Johann war mit einer ganzen Reihe bedeutender Maler seiner Zeit in Kontakt. Sie schufen in seinem Auftrag Gemälde, Aquarelle, Zeichnungen und Gouachen mit Landschaften, Burgen und Befestigungsanlagen, Trachten aus der Steiermark und Tirol und andere malerische Kleinodien.

Zu den Malern, deren Werke auf Schloss Schenna – hier in diesem

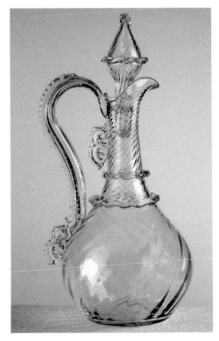

Karaffe aus dem Glasservice Erzherzog Johanns, um 1850, nach venezianischem Muster

Schloss Schenna vor dem Umbau von 1560, aus: Gerichtskarte von Schenna, aquarellierte Zeichnung, 1511

kleinen Raum – ausgestellt sind, zählen Ferdinand Runk (1764–1834) mit Tiroler Landschaften in Verbindung mit Befestigungsanlagen, Johann Kniep (1779–1809) mit romantischen Landschaften aus dem alten Tirol, sowie Ludwig Schnorr von Carolsfeld (1788–1853) mit den herrlichen Fenstern, die er für Johanns Schreibzimmer und Salon im Schloss Brandhof geschaffen hat und deren Kopien hier zu bewundern sind.

Dass sich das Erscheinungsbild Schloss Schennas gewandelt hat, verdeutlicht das längliche Bild beim Fenster, die Gerichtskarte von Schenna aus dem Jahre 1511. Sie zeigt die Ausbreitung des Gerichtsbezirks von der Masulschlucht im Norden bis zum Naiftal im Süden, mit den drei Schlössern Schenna, Thurn und Goyen,

sowie mit St. Georgen im Oberdorf. Schloss Schenna war zu dieser Zeit eine reine Wehranlage mit Zinnen, Wehrgängen, Türmen, Wassergraben und Zugbrücke und wurde um 1560 zu einer bewohnbaren Burg umgestaltet. Daran erinnert übrigens ein hofseitig über der Schlosseinfahrt eingelassener weißer Stein mit der Beschriftung *„Ph G Z L 1560"* (Philipp Graf zu Lichtenstein 1560, der diesen Umbau vornahm). Über der Gerichtskarte ist ein Ölgemälde aus dem 18. Jh. zu sehen mit dem Schloss in der Mitte und den Namen und Wappen der Besitzer rundherum. Diese wurden allerdings erst im 19. Jh. hinzugefügt, sind also Übermalungen. Das Modell des Schlosses auf dem Tisch stammt aus der Zeit Erzherzog Johanns und zeigt, dass er außen kaum

Andreas Hofer, Franz Altmutter (1746–1817 ),
Öl auf Papier und Leinwand, 1809

bauliche Veränderungen durchgeführt hat, dafür aber das Schloss –
selbst aus heutiger Sicht – angenehm
bewohnbar umgestaltet hat.

Wir verlassen jetzt den Osttrakt des
Schlosses und erreichen den sonni-
gen Südtrakt, in dem noch zwei
wichtige Räume zu besichtigen sind.

## Andreas-Hofer-Zimmer

Aus zwei Gründen ist dieser Raum
von besonderer Bedeutung: Zum
einen finden sich hier Sammlungs-
objekte zu einer wichtigen und un-
vergesslichen Zeit in der Tiroler Geschichte, zum anderen ist es die
größte private Andreas-Hofer-
Sammlung, die wir Erzherzog Johann zu verdanken haben. Er war

mit Andreas Hofer befreundet und
hat sich persönlich, aus tiefster
Überzeugung und aus ganzem Herzen für ihn und seine Tiroler Lands-
leute eingesetzt. Außerdem be-
mühte er sich auch militärisch für
Tirol als Oberbefehlshaber der
österreichischen Truppen in Oberitalien – siehe dazu auch das
Bild zwischen den südseitigen
Fenstern –, wobei er monatelang zu
verhindern wusste, dass die Franzosen auch vom Süden her Tirol
in die Zange nehmen konnten.
Johanns Freundschaft mit Andreas
Hofer und sein persönliches Ein-
greifen in die Geschehnisse dieses
Schicksalsjahres 1809 sind wohl die
Gründe für seine Sammeltätigkeit
nach 1810.

Die Ereignisse von 1809 haben ihre
historischen Ursachen: Der Spani-
sche Erbfolgekrieg (1701–1714)
etwa, in dem es um die Nachfolge
des kinderlosen spanischen Königs
Karl II. ging. Österreich unter Karl
VI., Frankreich mit Philipp V. und
Bayern mit Kurprinz Joseph Ferdinand erhoben aufgrund Erstge-
burts- und Geblütsrechts Anspruch
auf den spanischen Thron. In einer
kriegerischen Auseinandersetzung
zwischen Bayern und Österreich
kam es am 1. Juli 1703 zum sogenannten *Bayerischen Rummel* in
Landeck, woran das große Ölgemälde links vom Ofen erinnert.
Die Bilder darunter zeigen grau-
same Kämpfe im Rahmen der ersten Französischen Koalitionskriege
unter Napoleon 1796/97, in deren
Verlauf es auch zur berühmten
Schlacht von Spinges (2. April 1797)

im Pustertal kam. Die tapfere Katharina Lanz (1771–1854) feuerte damals die kampfesmüden Tiroler Männer an, die mit letzter Kraft noch einen Sieg der Tiroler erzwingen konnten.

1809 ist das eigentliche Schicksalsjahr. Zwar ist Tirol schon seit 1805 durch den Frieden von Pressburg Bayern zugesprochen, aber es herrschen immer Unruhe und Aufstände im Land, die die Bayern und Franzosen sehr beunruhigen. So kommt es am 25. und 29. Mai, am 13. August und am 1. November 1809 zu blutigen Schlachten am Bergisel, die das Schicksal Tirols entscheiden sollten.

Die Bilder an den beiden großen Wänden zeigen Szenen und Personen aus dem Kriegsjahr 1809, u. a. auch den berühmten Kapuziner-Pater Joachim Haspinger (1776–1858) – hier mit seiner originalen Unterschrift –, einen der wichtigsten Weggefährten Andreas Hofers.

Diesem ist die Wand zwischen den östlichen Fenstern gewidmet, hier ist ganz besonders das Gemälde in der Mitte hervorzuheben: es ist das einzige Ölportrait Andreas Hofers, das noch zu seinen Lebzeiten – nämlich im Herbst 1809 von Franz Altmutter (1746–1817) – gemalt wurde. Es zeigt ihn mit der am 4. Oktober 1809 von Kaiser Franz überreichten Ehrenkette für seine tapferen Verdienste um Tirol und das österreichische Kaiserreich.

In der südöstlichen Ecke steht die Hofer sche Wiege, in der Andreas Hofer und seine Kinder und Enkel lagen, welche sie schließlich 1837 Erzherzog Johann überließen.

Darüber hängen Ölgemälde von Josef Altmann (1795–1867) und

Festnahme Andreas Hofers auf der Pfandleralm (bei St. Martin im Passeiertal), Eduard Gurk (1801–1841), Tempera, um 1838

Das Andreas-Hofer-Zimmer mit der größten privaten Andreas-Hofer-Sammlung, von Erzherzog Johann begonnen und von seinem Sohn Franz Graf Meran vollendet

Jakob Placidus Altmutter (1780–1820) mit Szenen aus den Kämpfen auf der Innbrücke in Innsbruck am 29. Mai 1809 bzw. von den Schlachten am Bergisel. Die ersten drei haben die Tiroler zur allgemeinen Überraschung gegen die überwältigende Übermacht der Bayern und Franzosen gewonnen. Nach dem Frieden von Schönbrunn vom Oktober 1809, in dem Tirol neuerlich Bayern zugesprochen wurde, ließen sich die Tiroler trotzdem auf eine vierte Schlacht ein, die aber mit einer verheerenden Niederlage zu Ende ging. Diese verlorene Schlacht war ein Grund für die Flucht Andreas Hofers aus Innsbruck nach

St. Leonhard und von dort auf die *Pfandleralm*, die auf einem der beiden großen Tempera-Gemälde von Eduard Gurk zu sehen ist. Links daneben das Haus von Andreas Hofer, der *Sandhof* in St. Leonhard. Der zweite Grund seiner Flucht war das Kopfgeld, das die Franzosen auf ihn ausgesetzt hatten. Ausgerechnet einer seiner Mitstreiter, Franz Raffl, hat ihn wegen dieses Geldes verraten, was auf dem Bild mit dem Sandhof zu sehen. Franz Raffl wurde 1775 in Tall, einer Fraktion von Schenna, geboren, lebte und arbeitete an verschiedenen Orten des Passeiertals, und ab 1811 unter bayerischem Schutz zunächst in

Pater Joachim Haspinger mit originaler Unterschrift

Innsbruck, später in München und zuletzt in Reichertshofen bei Ingolstadt, wo er 1830 verarmt starb.

Das Bild von der *Pfandleralm* zeigt die Szene der Festnahme Andreas Hofers durch die Franzosen im Jänner 1810, die ihn dann mit Stationen

Wiege der Familie Andreas Hofers

u. a. in St. Leonhard, Meran, Neumarkt und Ala schließlich nach Mantua führten, wo er am 20. Februar 1810 nach einem einer Farce gleichendem Kriegsgerichtsverfahren erschossen wurde.

Seit 1823 ist Andreas Hofer in einem Ehrengrab in der Innsbrucker Hofkirche beigesetzt. Auch Pater Joachim Haspinger und Josef Speckbacher, zwei der wichtigsten Mitstreiter Andreas Hofers, und sein treuer Sekretär, Kajethan Sweth, fanden dort ihre letzte Ruhestätte.

Diesen heute als Andreas-Hofer-Zimmer eingerichteten Raum benützte seinerzeit Erzherzog Johann als Empfangssalon für seine Gäste. Daran erinnern nicht nur der um 1850 eingebaute Boden, sondern auch Teile des Kaffee- und Teeservice auf dem Mitteltisch.

## Speisesaal

Dieser imposante Raum – 5,50 m hoch und über 100 m² groß – diente früher als Fest- und Speisesaal und beherbergt heute eine Gemäldegalerie, vorwiegend mit Portraits von Habsburgern als Tiroler Landesherren. Teilweise stammen sie aus der Sammlung der Grafen Wolkenstein und sind Werke von Johann Michael Hudetz († 1749). Erwähnenswert sind Erzherzog Ferdinand von Tirol mit seinen beiden Ehefrauen, Philippine Welser aus Augsburg und Katharina von Gonzaga, Erzherzog Maximilian III. als Hochmeister des Deutschen Ordens, die Erzherzoge Ferdinand Karl und Sigismund

Der Speisesaal mit der Gemälde- und Portraitgalerie

Franz mit ihren Frauen Anna von Medici und Hedwig Auguste von Sulzbach-Rosenberg, die Kaiser Leopold I. („Türken-Poidl" genannt) und Josef I., sowie Karl VI. mit seiner Tochter Maria Theresia und deren Sohn Josef II.

Über zwei Türen hängen großformatige Gemälde von Stephan Kessler: *Auszug in den Krieg*, 1683 zur Zeit der zweiten Türkenbelagerung vor Wien, sowie *Theaterszene am Marktplatz*, Kunsthistoriker vermuten allerdings eine Szene im Karneval von Venedig. Über der dritten, den Fenstern gegenüberliegenden Türe befindet sich das Gemälde *Hund und Katzen*, das dem niederländischen Maler Pieter Snayers (1592–1667) zugeschrieben wird: er gilt als einer der Begründer des Tierstillebens.

Hinzuweisen ist auf den Spiegel mit einem schweren, nie vergoldeten Barockrahmen. Er ist mit einer Zeitung aus dem Jahre 1865 hinterlegt, was an einigen der sogenannten Blindflecken zu entdecken ist. An der Decke ist der Tiroler Wappenadler zu sehen, an dessen Kopfende der Wahlspruch der Tiroler zu lesen ist: *Alles für Gott, Kaiser und Vaterland*, in dieser Form bis 1918, also bis zum Ende der österreichischen Monarchie gebräuchlich.

Ein Blick aus dem Fenster gewährt Ihnen einen überwältigenden Ausblicke in das Burggrafenamt: Das sonnenverwöhnte Schenna und die Stadt Meran liegen Ihnen zu Füßen, eingerahmt von einer faszinierenden und zu Ausflügen einladenden Bergwelt.

## Literatur (Auswahl)

Arnold, W.: Erzherzog Johann, (Stocker, Graz 1980 und) Tosa, Graz 1995

Basch-Ritter, R.: Anna Plochl, ADEVA, Graz 2005

Der Schlern 75/2001, Heft 4: Abschrift der Vorträge anlässlich des Symposions Erzherzog Johann und Tirol im Schloss Schenna am 30. Mai 1999, Athesia, Bozen 2001

Johann, Erzherzog von Österreich: Der Brandhofer und seine Hausfrau. Von ihm selbst erzählt, Czernin, Wien 2003

Magenschab, H.: Erzherzog Johann. Habsburgs grüner Rebell, (Styria, Graz 1981 und) TB 828, Heyne, München 2002

Maurer, L.: Wenn du nur schon bey mir wærest. Aus Tagebüchern und Briefen von Erzherzog Johann und Anna Plochl, Grundlsee 1997

Spiegelfeld, F.: Erzherzog Johanns Mausoleum in Schenna, ARX 1, Bozen 2005

Spiegelfeld, F: Geschichte der Burgen und Schlösser (in Schenna), in:„Dorfbuch Schenna", hrsg. von der Gemeinde Schenna 2002

Trapp, O.: Tiroler Burgenbuch, Bd. II, Burggrafenamt, Athesia, Bozen 1980

*In der vom Südtiroler Burgeninstitut, Bozen, begründeten Reihe „Burgen" sind erschienen:*

Burgen 1
Alexander von Hohenbühel
**Taufers** (2006)

Burgen 2
Franz Spiegelfeld
**Schloss Schenna** (2008)

Burgen 3
Alexander von Hohenbühel
**Trostburg** (2008)

Burgen 4
Helmut Stampfer
**Churburg** (2009)

Burgen 5
Walter Landi
**Haderburg** (2010)

Burgen 6
Leo Andergassen
**Schloss Velthurns** (2010)

Burgen 7
Johann Kronbichler
**Hofburg Brixen** (2010)

Burgen 9
Leo Andergassen
**Montani** (2011)

Burgen 10
Walter Landi,
Helmut Stampfer, Thomas Steppan
**Hocheppan** (2011)

Burgen 11
Leo Andergassen, Helmut Stampfer
**Burg Sigmundskron** (2014)

Burgen 12
Leo Andergassen, Florian Hofer
**Kastelbell** (2013)

**SÜDTIROLER BURGENINSTITUT**
Obstplatz 25 · I-39100 Bozen
Tel./Fax +39 0471 982255
www.burgeninstitut.com

2. Auflage 2014
© 2014 Verlag Schnell & Steiner GmbH
Leibnizstraße 13, D-93055 Regensburg
Satz, Druck:
Erhardi Druck GmbH, Regensburg
ISBN 978-3-7954-2040-6

Weitere Informationen zum Verlagsprogramm erhalten Sie unter: www.schnell-und-steiner.de

Foto- und Bildnachweis:
© Franz Spiegelfeld, Schenna, außer:
Verlag Tappeiner, Lana: Seiten 12/13 und 14
Foto Brandl, München: Seiten 25 oben, 26 oben, 28, 32/33, 37, 45, 47